RICK KIRKMAN / JERRY SCOTT

BÉBÉ BLUES

4

Bon anniversaire, la puce !

WONK!

ÉDITIONS
HORS COLLECTION

Du même auteur :

Rick Kirkman / Jerry Scott - Bébé Blues, Tome 1
Rick Kirkman / Jerry Scott - Bébé Blues, Tome 2
Rick Kirkman / Jerry Scott - Bébé Blues, Tome 3

Dans la même collection :

GÉBÉ :
L'Age du fer

GARY LARSON :
L'univers impitoyable contre-attaque
La revanche de l'univers impitoyable

BILL WATERSON :
Adieu, monde cruel ! Tome 1
En avant, tête de thon ! Tome 2
On est fait comme des rats ! Tome 3
Debout, tas de nouilles ! Tome 4
Fini de rire ! Tome 5
Allez, on se tire ! Tome 6
Que fait la police ? Tome 7
Elle est pas belle, la vie ? Tome 8
On n'arrête pas le progrès ! Tome 9
Tous aux abris ! Tome 10
Chou bi dou wouah ! Tome 11
Quelque chose bave sous le lit ! Tome 12
Enfin seuls ! Tome 13
Va jouer dans le mixer ! Tome 14
Complètement surbookés ! Tome 15

SHULZ :
Joe Cool déteste le dimanche après-midi, Tome 1
Tu es l'invité d'honneur, Charlie Brown, Tome 2

Retrouvez-nous sur Internet
http://www.Ed-Hors-Collection.tm.fr
catalogue, informations, jeux, messagerie
Email : horscoll@club-internet.fr

Titre original : I THOUGHT LABOR ENDED WHEN THE BABY WAS BORN
Copyright © 1994, Bill Watterson
distribué dans le monde par l'Universal Press Syndicate
Tous droits réservés
Copyright © janvier 1998, Hors Collection pour l'édition française
Traduit de l'américain par Laurent Duvault
Lettrage : Martine Segard
Isbn : 2-258-04513-2
Numéro d'éditeur : 208

BÉBÉ BLUES

Rick Kirkman / Jerry Scott

LE RÉGIME WANDA

ÉTAPE 1 — ÉCHAUFFEMENT

1 STEAK GRILLÉ, ½ BANANE TRANCHÉE, 40 G. DE COMPOTE DE POMMES, 1 BOL DE LAIT, LE TOUT DISPOSÉ SUR UN PLATEAU.

ÉTAPE 2 — COUPE FAIM

BEERK!

ÉTAPE 3 — SÉANCE D'AÉROBIC

UN-DEUX, UN-DEUX, UN-DEUX, UN...

ÉTAPE 4 — LA DOUCHE

PLAF!

Bébé Blues

Rick Kirkman / Jerry Scott

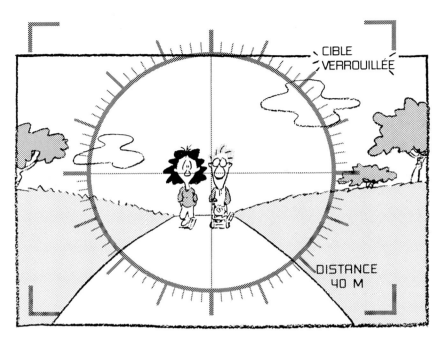

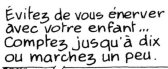

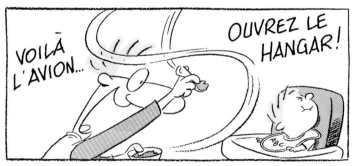

BÉBÉ BLUES

Rick Kirkman / Jerry Scott

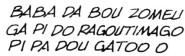

Bébé Blues

Rick Kirkman / Jerry Scott

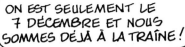

BÉBÉ BLUES

RICK KIRKMAN / JERRY SCOTT

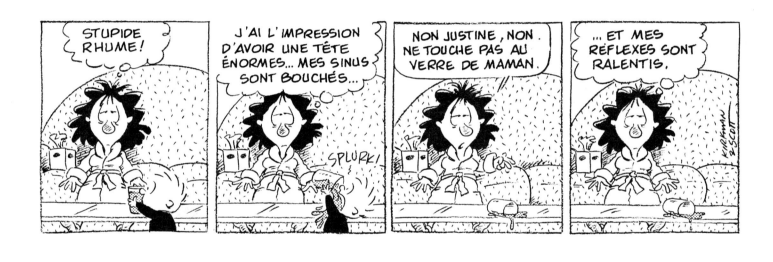

Imprimé en France par Pollina en décembre 1997, 85400 Luçon - n° 72906